Segurança na Era Digital

"Aprenda a Proteger Suas Informações"

FABRICIO DE ABREU TEIXEIRA

APRESENTAÇÃO

Nas últimas décadas, a internet foi introduzida na vida de milhares de pessoas em todo o mundo, trazendo inúmeros benefícios para a sociedade. Com ela surgiram novos desafios. Num cenário onde as pessoas estão cada vez mais conectadas a internet, as preocupações com a segurança digital aumentaram.

Cada dia estão surgindo novos criminosos virtuais que invadem dispositivos conectados a rede a fim de roubar dados e informações pessoais, para cometer crimes cibernéticos, fazer transferências de valores, perpetrarem golpes, cometer crimes de pedofilia etc.

Neste quadro preocupante e desafiador onde vejo pessoas, que talvez por desconhecer os riscos que correm, em não se preocuparem com a segurança das suas informações pessoais, estão caindo nas mãos desses criminosos.

Com intuito de ajudar essas pessoas o livro “Segurança Na Era Digital”, aborda temas importantes que irão te auxiliar de uma forma simples e prática como proteger as suas informações pessoais, para que você possa ter uma conexão mais segura e venha desfrutar de forma consciente e responsável de todos os benefícios que a era da digital traz.

Não se esqueça que a sua privacidade é muito valiosa e cabe somente a você protegê-la.

Fabricio de Abreu Teixeira

Sumário

INTRODUÇÃO

Na era digital, onde a tecnologia permeia quase todos os aspectos de nossas vidas, a segurança das informações pessoais, e de dados em empresas é uma preocupação cada vez maior.

Nas últimas décadas, a internet foi introduzida na vida de milhões de pessoas em todo o mundo trazendo inúmeros benefícios para a sociedade como: facilitar a interação entre os usuários, acessar e compartilhar informações, facilidade no pagamento de boletos bancários, rentabilidade para as empresas, comunicação em tempo real etc.

Com esses benefícios ameaça cibernética começaram a surgir como: crimes virtuais, golpes pela internet, aumento da pedofilia online, roubo de informações pessoais, invasão de contas bancárias e outros casos que estão acontecendo.

No entanto, sem os devidos cuidados essa tecnologia pode representar séria ameaça à segurança de indivíduos, empresas e usuários de rede.

Este livro foi concebido para ajudá-lo a entender os principais desafios relacionados à segurança da informação na era digital, a segurança dos dados armazenados na nuvem, em desktops, laptops e dispositivos móveis que os usuários enfrentam todos os dias.

Ele traz orientações práticas que vão te ajudar com sua privacidade digital e seus dados pessoais, evitando assim que você se torne mais uma vítima dos cibercriminosos.

Nos capítulos seguintes, tratamos sobre a importância de usar senhas fortes e seguras, a necessidade de autenticação de dois fatores 2FA, práticas recomendadas de backup de dados e a importância de atualizações de software para garantir a proteção contínua de seus dados e informações.

Falamos sobre as ameaças mais comuns enfrentadas por muitos usuários, de dispositivos móveis a computadores de mesa, bem como as consequências de comprometer informações e dados pessoais comprometidos.

Consideramos a autenticação de dois fatores 2FA como outra camada de proteção para sua privacidade.

Falamos sobre leis e regulamentos gerais de proteção de dados.

Ao utilizar as práticas apresentadas neste e-book, você fortalecerá sua defesa contra ameaças cibernéticas e cair em golpes virtuais. Aproveitando dessa maneira, a era digital com mais segurança e confiança.

Esteja pronto (a) para proteger suas informações e assumir o controle de sua segurança on-line.

Juntos, aprenderemos a proteger o que é mais valioso para nós em um mundo digital em constante evolução.

Boa leitura, que você possa desfrutar dos benefícios que a tecnologia trouxe e faça da segurança digital uma aliada para proteger suas informações pessoais

CAPÍTULO 1 PRIVACIDADE DIGITAL

Não tem como falar sobre Privacidade Digital sem antes falar sobre Segurança Digital, que é um importante segmento de TI dedicado para bloquear ameaças que são vistas atualmente no ambiente digital.

Em um mundo onde a tecnologia está dominando cada vez mais, a privacidade digital tem se tornado um tema crucial para ser abordado.

Com os benefícios da tecnologia, também surgem uma série de ameaças cibernéticas, criminosos digitas tudo que coloca em risco à nossa privacidade.

Cada vez mais, nossas informações pessoais estão sendo armazenadas, em dispositivos conectados a rede e são compartilhadas em nuvem.

Estudos realizados pela (Cisco), mostram que 76% das pessoas não sabem o que as empresas fazem com seus dados, 46% ainda não sabem como proteger suas informações de maneira segura e eficaz, já 86% dos entrevistados se importam com a privacidade e segurança de dados deles e de outras.

Este capítulo fornece uma visão ampla e clara sobre a importância da privacidade digital e os riscos que enfrentamos quando não nos preocupamos com a segurança dos nossos dados. Ao compreender essas questões, você estará preparado para proteger suas informações pessoais e manter sua privacidade na era digital.

1.1 O que é privacidade digital?

O conceito de privacidade digital é bem simples. É um direito fundamental de todo indivíduo. Ela nos dá controle sobre nossas informações pessoais e nos permite tomar decisões, sobre como elas são usadas e compartilhadas. Essa necessidade de sigilo se aplica às mais diversas situações, desde as operações financeiras feitas em sites, aplicativos e até o simples fato de cadastrar um e-mail ou telefone para participar de cursos online. Na era digital, nossos dados pessoais são valiosos e podem ser usados por empresas, anunciantes e até mesmo por criminosos cibernéticos.

Ao proteger nossa privacidade, evitamos dissabores, tais como: uso indevido de nossas informações, recebimento de spam, exposição a fraudes financeiras e roubo de dados. Além disso, a privacidade é fundamental para manter a liberdade de expressão e a confiança nas interações online

1.2 Noções básicas de privacidade digital

Para proteger sua privacidade, é importante entender algumas noções básicas:

a) Evite compartilhar informações pessoais tais como: número de CPF, senhas, endereço residencial ou dados bancários, a menos que seja absolutamente necessário.

b) Ao navegar na internet, os cookies utilizados usados para coletar informações sobre suas atividades online. Configure seu navegador para bloquear cookies de terceiros e considere a exclusão regular desses arquivos.

c) Verifique as configurações de privacidade em suas contas online, dispositivos móveis e aplicativos. Evite o compartilhamento de informações pessoais e revise regularmente essas configurações.

1.3 Ameaças digitais

Existem vários tipos de ameaças digitais que comprometem sua privacidade. Aqui estão alguns exemplos mais comuns:

a) Roubo de identidade: criminosos cibernéticos podem roubar suas informações pessoais para se passarem por você e realizar transações fraudulentas ou cometer crimes em seu nome.

b) Violação de segurança: empresas podem sofrer violações de segurança que resultam no vazamento de informações pessoais de seus clientes. Esses dados podem ser vendidos ou usados de forma ilícita para cometer crimes.

c) Monitoramento e coleta de dados: em alguns países, governos podem monitorar e coletar dados de comunicações online sem o consentimento dos cidadãos, afetando a privacidade individual.

d) Aplicativos e redes sociais: muitos aplicativos e plataformas de mídia social coletam dados sobre seus usuários para fins de publicidade e análise. Compreender como essas plataformas utiliza seus dados é essencial para proteger sua privacidade.

Ao adotar algumas medidas de segurança em seus dispositivos e aplicativos e se conscientizar dos riscos que você corre em não se proteger, você poderá desfrutar de todos os benefícios que a tecnologia traz. Nos próximos capítulos iremos abordar sobre configurações de privacidade, navegação segura, proteção de dados e muito mais.

CAPÍTULO 2 CONFIGURAÇÕES DE PRIVACIDADE

As configurações de privacidade, em dispositivos e aplicativos, desempenham um papel fundamental na segurança e proteção de suas informações pessoais. Neste capítulo, vamos explorar como você pode gerenciar essas configurações tanto no seu dispositivo quanto em aplicativos, e assim garantir um maior controle sobre sua privacidade digital.

2.1 *Configurações de privacidade em dispositivos*

Seus dispositivos conectados em rede contêm uma abundância de informações pessoais. Configurar corretamente as opções de privacidade nesses dispositivos é essencial para sua segurança. Aqui estão algumas medidas que você pode adotar:

a) Em smartphones, tablets, computadores de mesa e notebooks, utilize o recurso de senha padrão ou autenticação biométrica para bloquear seu dispositivo quando ele possuir a tecnologia. Isso impedirá o acesso não autorizado dos seus dados pessoais por terceiros.

b) Mantenha sempre seu sistema operacional, seus aplicativos de bancos e antivírus sempre atualizados. As atualizações geralmente incluem correções de segurança que ajudam a proteger seus dispositivos contra ameaças conhecidas.

c) Ative a criptografia de dados, isso tornará seus dados inacessíveis caso alguém tente acessá-los sem autorização.

2.2 *Configurações de privacidade em aplicativos*

Muitos aplicativos solicitam acesso a informações pessoais, tais como: contatos, localização e fotos. É importante revisar e ajustar essas configurações para proteger sua privacidade. Aqui estão algumas orientações úteis:

a) Ao instalar aplicativos em seu dispositivo, revise as permissões solicitadas, pergunte se é necessário conceder acesso a todas as informações. Selecione apenas as permissões essenciais para o funcionamento do aplicativo e desative permissões desnecessárias.

b) Verifique as configurações de compartilhamento de dados em aplicativos de redes sociais, serviços de mensagens entre outros que utilizam o compartilhamento de informações pessoais.

c) Gerencie as configurações de localização dos seus aplicativos. Permita o acesso à localização somente quando necessário e apenas para aplicativos confiáveis.

d) Ative a autenticação 2FA sempre que possível. Isso adiciona uma camada extra de segurança, exigindo um código ou confirmação ao fazer login em suas contas.

e) Evite acessar aplicativos de bancos e redes sociais em dispositivos de terceiros. Caso não seja possível, não se esqueça de sair do aplicativo e não deixe seus dados armazenados no dispositivo.

Ao gerenciar suas configurações de privacidade em dispositivos e aplicativos, você exercerá maior controle sobre suas informações pessoais e reduzindo o risco de exposição a ameaças à sua privacidade.

CAPÍTULO 3 NAVEGAÇÃO SEGURA NA WEB

Navegar na internet já faz parte de nossas vidas, mas também apresenta riscos à nossa privacidade. Neste capítulo, vamos explorar práticas e dicas para garantir uma navegação segura e proteger suas informações pessoais contra ameaças.

3.1 Riscos e ameaças ao navegar na internet

Ao acessar a internet, estamos expostos a várias ameaças, como: *malware, phishing, sites maliciosos e* vírus de computador. Compreender essas ameaças é o primeiro passo para proteger sua privacidade na rede. Aqui estão algumas informações importantes que poucas pessoas sabem ou conhecem.

a) O que é Malware? Malware refere-se a software malicioso projetado para infectar seu dispositivo e roubar informações pessoais. Evite baixar arquivos que não são confiáveis, clicar em links suspeitos e mantenha um software antivírus atualizado em seu dispositivo.

b) O que é Phishing? O phishing são tentativas de enganar você a fim obter informações confidenciais, como senhas e números de cartão de crédito. Tome cuidado com e-mails, mensagens ou sites suspeitos que solicitem informações pessoais. Nunca forneça seus dados a menos que você tenha certeza da legitimidade da solicitação.

c) O que são sites maliciosos? São sites criados para infectar seu dispositivo ou enganá-lo para fornecer informações pessoais. Verifique sempre a reputação e a segurança do site antes de fornecer quaisquer informações ou fazer transações.

d) O que são Vírus de Computador? Vírus de computador é um programa ou código malicioso desenvolvido para alterar o funcionamento do computador. O vírus se propaga através de arquivos executáveis que tenham suporte a macros, a fim de executar o seu código. Eles podem danificar o sistema operacional, corrompendo ou destruindo os dados e roubar suas informações pessoais.

3.2 Navegadores seguros

Escolher um navegador seguro é fundamental para proteger sua privacidade ao navegar na internet. Além disso, existem extensões de segurança que podem bloquear anúncios indesejados, rastreadores e malware. Aqui estão algumas recomendações:

a) Opte por navegadores mais populares, como: Google Chrome, Mozilla Firefox ou Microsoft Edge, que são frequentemente atualizados e trazem correções de segurança que oferecem recursos de privacidade mais aprimorados.

b) Instale extensões de segurança, como: bloqueadores de anúncios e ferramentas antimalware. Essas extensões ajudam a proteger sua privacidade dos seus dados e melhoram a segurança da sua navegação

3.3 Como evitar sites maliciosos e phishing

Proteger-se contra sites maliciosos e ataque de phishing é fundamental para manter sua privacidade na web. Aqui estão algumas práticas recomendadas:

a) Certifique-se de que o site que você está tentando acessar é legítimo antes de inserir suas informações pessoais. Fiquem atentos, a URL com erros ortográficos e caracteres estranho.

b) Sempre que possível, opte por sites que utilizem o protocolo HTTPS, que indica uma conexão segura. Verifique se há um cadeado na barra de endereço do navegador antes de inserir informações pessoais.

c) Aprenda a identificar sinais de ataques de phishing, como erros ortográficos, e-mails ou mensagens urgentes que solicitam informações.

CAPÍTULO 4 SENHAS SEGURAS

Neste capítulo, abordaremos a importância de senhas fortes e práticas de autenticação segura. A segurança de suas informações pessoais depende de como você gerencia suas senhas e protege seu acesso online.

4.1 Senhas fortes

O uso de senhas fortes é fundamental para proteger suas contas contra acesso não autorizado. Aqui estão algumas diretrizes para criar senhas mais robustas e seguras:

a) Crie senhas com pelo menos dez caracteres, combinando letras maiúsculas, minúsculas, números e caracteres especiais.

b) Não use informações pessoais óbvias em suas senhas, como nomes de familiares, números de telefone ou endereços. Essas informações podem ser facilmente descobertas por terceiros.

c) Troque suas senhas periodicamente, a cada três a seis meses, a fim de garantir que estejam sempre atualizadas e protegidas contra ameaças potenciais.

d) Use senhas diferentes para cada conta que você possui isso evita que um comprometimento em uma conta coloque todas as suas outras contas em risco.

4.2 Gerencie suas senhas

Gerenciar várias senhas pode ser desafiador, mas é essencial para manter a segurança de suas contas.
Aqui estão algumas práticas recomendadas para o gerenciamento eficaz de senhas:

* Use um gerenciador de senhas: considere o uso de um aplicativo de gerenciamento de senhas confiável. Essas ferramentas criptografam suas

senhas e permitem armazená-las de forma segura, facilitando o acesso a elas quando necessário.

* Nunca compartilhe suas senhas com outras pessoas, mesmo que sejam amigos ou familiares.

4.3 Autenticação biométrica

Além das senhas, a autenticação biométrica oferece uma camada adicional de segurança para proteger suas contas e dispositivos. Aqui estão algumas formas comuns de autenticação biométrica:

a) Muitos dispositivos móveis possuem a tecnologia com leitores de impressões digitais integrados. Essa forma de autenticação usa suas impressões digitais únicas como meio de acesso seguro.

b) Alguns dispositivos permitem o desbloqueio através do reconhecimento facial. Essa tecnologia utiliza algoritmos para identificar características faciais e permitir o acesso ao dispositivo.

c) Alguns sistemas de autenticação usam a voz como meio de identificação. Suas características vocais únicas são comparadas para garantir a autenticidade.

Ao utilizar senhas fortes e gerenciar cuidadosamente suas contas e aproveitar a autenticação biométrica, vocês fortalecerão a segurança de suas informações pessoais e contas online.

CAPÍTULO 5 SEGURANÇA EM DISPOSITIVOS FÍSICOS E MÓVEIS

Neste capítulo, exploraremos medidas para proteger seus dispositivos contra ameaças e garantir a segurança de suas informações pessoais.

5.1 *Mantenha seu dispositivo sempre atualizado*

Manter sempre o sistema operacional atualizado em computadores, notebooks, smartphones e tablets atualizados é de suma importante para a segurança digital. Aqui estão algumas práticas recomendadas:

a) Certifique-se de que seu sistema operacional e aplicativos estejam sempre atualizados. As atualizações fornecem correções de segurança essenciais que irão proteger seu dispositivo contra-ataques de hackers e vulnerabilidades conhecidas.

b) Configure seu dispositivo para receber atualizações automáticas. Isso garantirá que você obtenha as últimas correções de segurança assim que estiverem disponíveis.

c) Nunca desative as atualizações automáticas. Algumas pessoas desativam as atualizações automáticas em computadores pensando que essa prática deixa o sistema operacional mais rápido. Ao desativar as atualizações automáticas você deixa seu sistema operacional vulnerável a ataques de hacker.

5.2 *Instale um bom antivírus em seu dispositivo*

Na era digital é comum o uso de aplicativos de bancos em smartphones, tablets e computadores, e para ter uma segurança maior das suas informações é imprescindível a instalação de um bom Antivírus em seus dispositivos.
Aqui estão algumas instruções a serem adotadas para a instalação de Antivírus em seus dispositivos.

a) Adquira versões pagas, leves e confiáveis de antivírus. No mercado existem alguns antivírus com boa eficácia. Além de fazer uma varredura profunda em busca de vírus, malware, phishing e sites maliciosos. Existem alguns que possuem a função antifurto.

b) Compre o seu antivírus em sites confiáveis de preferência sites da mesma empresa fabricante.
c) Faça uma varredura profunda periodicamente. Alguns antivírus você pode agendar a varredura diária ou semanalmente sempre no mesmo horário que você estipular.

c) Mantenha seu antivírus sempre atualizado. Verifique sempre se tem atualização disponível para o seu antivírus. Isso ajuda a proteger mais seus dados contra ameaças.

Ao colocar essas práticas de segurança em seus dispositivos, você fortalecerá a proteção de suas informações pessoais e reduzindo os riscos associados ao uso desses dispositivos.

5.3 *Segurança em Dispositivos Móveis*

A proteção do acesso ao seu dispositivo é uma etapa crucial para manter sua segurança. Aqui estão algumas orientações básicas para a segurança em dispositivos moveis

a) Opte por um código de desbloqueio que seja mais complexo do que um simples código PIN de quatro dígitos. Considere usar uma senha alfanumérica forte ou um padrão de desenho único.

b) Além de um código de desbloqueio, aproveite as opções de autenticação biométrica, que te darão um pouco mais de segurança, como: impressões digitais ou reconhecimento facial e de voz, se o seu dispositivo suportar.

5.4 *Evite conectar seus dispositivos em redes Wi-Fi públicas não seguras*

Redes Wi-Fi públicas podem ser convenientes, mas também é um alvo comum para ataques cibernéticos. Aqui estão algumas precauções a serem tomadas:

a) Evite realizar transações financeiras ou inserir informações pessoais confidenciais em redes Wi-Fi públicas. Caso seja necessário, use uma conexão VPN (Rede Privada Virtual) para criptografar seus dados e proteger sua privacidade.

b) Dê preferência a redes Wi-Fi conhecidas e confiáveis. Verifique com antecedência os nomes das redes disponíveis para evitar se conectar a redes falsas criadas por hackers.

5.5 *Baixe somente aplicativos de fontes confiáveis*

Ao instalar aplicativos em seu dispositivo móvel, e computador é importante tomar precauções para evitar aplicativos maliciosos. Aqui estão algumas diretrizes que você pode seguir para ter mais segurança digital:

a) Baixe aplicativos apenas de lojas oficiais, como: Google Play Store para dispositivos Andróide e Ap. Store para dispositivos IOS, para dispositivo Windows tem a loja Microsoft Store. Essas lojas têm medidas de segurança para detectar e remover aplicativos maliciosos.

b) Antes de instalar um aplicativo, verifique as permissões solicitadas. Se um aplicativo solicitar acesso a informações que não são relevantes para sua funcionalidade, isso pode ser um sinal de alerta.

c) Leia as avaliações e comentários de outros usuários antes de baixar um aplicativo. Isso pode fornecer percepções sobre a confiabilidade e segurança do aplicativo.

d) Não baixe aplicativos em qualquer site. Evite instalar programas crackeados isso pode trazer uma série de riscos para a sua segurança digital e do seu dispositivo.

5.6 Dispositivo móvel roubado: saiba como proceder

Ninguém está imune ao roubo ou perda de um dispositivo móvel. Quando isso acontece, é importante tomar medidas imediatas para proteger seus dados e minimizar os danos que criminosos podem te causar. Aqui estão algumas ações imediatas para proteger seus dados: Caso não tenha experiência em lidar com tantas informações peça auxílio de uma pessoa de confiança.

a) Altere suas senhas: Se o dispositivo perdido ou roubado tinha senhas salvas ou estava conectado a contas online, como email ou redes sociais, bancos e aplicativos de cartão de crédito, altere imediatamente todas as senhas relacionadas. Isso impedirá que os invasores acessem suas contas e informações.

b) Remotamente apague seus dados: Se você tiver algum aplicativo de rastreamento e bloqueio remoto instalado no dispositivo, use-o para apagar remotamente todos os dados do seu aparelho. No existem alguns aplicativos que fornecem esta possibilidade a mais de segurança.

c) Se você estiver usando um sistema operacional que permite permissões de aplicativos, como o Andróide ou o IOS, acesse as configurações correspondentes e revogue as permissões concedidas aos aplicativos instalados. Isso ajudará impedirá que pessoas mal intencionadas utilizem seus aplicativos e acessem suas informações.

É importante comunicar imediatamente a polícia e operadoras: após ter tomado as ações iniciais para proteger seus dados, é importante relatar o incidente às autoridades competentes e à sua operadora de telefonia móvel. Siga estas etapas:

a) Registre um boletim de ocorrência na delegacia de polícia mais próxima ou pela internet.Forneça todas as informações relevantes sobre o roubo ou perda do seu dispositivo, o número do IMEI do aparelho, a data, hora, local e qualquer detalhe que possa ajudar a polícia na investigação.

b) Entre em contato com sua operadora para relatar o incidente e solicitar o bloqueio do seu número e do dispositivo. Eles podem ajudar a desativar o chip do seu dispositivo, impedindo que os invasores usem sua linha telefônica para cometer crimes.

c) Bloqueio e rastreamento remoto do dispositivo: Se você tiver um aplicativo de rastreamento e bloqueio remoto instalado no dispositivo antes do incidente, aproveite essas funcionalidades para rastrear e bloquear seu aparelho. Essas ferramentas permitem que você localize o dispositivo em um mapa e até mesmo acione um alarme sonoro remotamente.

d) Restaure e recupere seus dados: Se você fez backup regularmente dos dados do seu dispositivo móvel, poderá restaurar essas informações em um novo aparelho. Verifique seus backups e proceda à restauração conforme necessário. Isso ajudará a minimizar a perda de informações importantes.

CAPÍTULO 6 PROTEGENDO SUAS REDES

Neste capítulo, abordaremos a importância de proteger sua rede contra ameaças cibernéticas e garantir a segurança de seus dispositivos conectados. Com o aumento do número de dispositivos conectados à internet em nossas casas, é essencial adotar medidas para proteger nossa rede doméstica.

6.1 Altere as credenciais padrão do roteador

Quando você configura um roteador em sua casa, ele geralmente vem com credenciais padrão, como nome de usuário e senha pré-configurados. A primeira medida de segurança que você deve tomar é alterar essas credenciais padrão. Aqui estão algumas diretrizes para ajudá-lo:

a) Altere o nome de usuário padrão para um nome único e difícil de adivinhar. Evite usar informações pessoais ou nomes comuns.

b) Altere suas senhas de acesso periodicamente, principalmente dos aplicativos dos bancos colocando senhas fortes e nunca repetições.

c) Crie uma senha forte para o acesso ao roteador. Use uma combinação de letras maiúsculas, minúsculas, números e caracteres especiais. Certifique-se de que a senha seja única e não seja utilizada em outros lugares.

d) Além da senha do roteador, defina uma senha segura para sua rede Wi-Fi. Isso impedirá que pessoas não autorizadas se conectem à sua rede.

6.2 *Criptografia Wi-Fi*

A criptografia Wi-Fi é mais uma camada adicional de segurança que protege sua rede contra acesso não autorizado. Certifique-se de que sua rede Wi-Fi esteja configurada com um protocolo de criptografia robusto, como WPA2 ou WPA3. Evite usar criptografia WEP, que é menos segura.

Para ativar a criptografia em seu roteador, acesse as configurações do roteador e selecione o protocolo de criptografia desejado. Em seguida, defina uma senha forte para a criptografia e compartilhe-a apenas com pessoas confiáveis que precisam acessar sua rede.

6.3 *Firewall e Segurança da Rede*

Os roteadores mais modernos geralmente possuem recursos de firewall embutidos para proteger sua rede contra ataques externos. Verifique se o firewall está ativado em seu roteador e, se possível, personalize as configurações de segurança de acordo com suas necessidades.

6.4 *Isolamento de Dispositivos e Rede de Convidados*

Uma prática recomendada para fortalecer a segurança da rede doméstica é isolar dispositivos conectados uns dos outros. Isso significa configurar sua rede de forma que cada dispositivo

tenha acesso apenas aos recursos necessários e não possa se comunicar diretamente com outros dispositivos.
Além disso, se o seu roteador suportar crie uma rede de convidados separada para os visitantes. Essa rede isolada garante que os dispositivos dos convidados não tenham acesso aos seus dispositivos pessoais e informações confidenciais.

6.5 *Monitoramento e Atualizações*

É essencial monitorar regularmente sua rede doméstica e os dispositivos conectados a ela. Aqui estão algumas dicas:

a) Verifique as atualizações do firmware do roteador: Mantenha o firmware do seu roteador atualizado, pois as atualizações geralmente incluem correções de segurança importantes.

b) Monitore os dispositivos conectados: Verifique periodicamente os dispositivos conectados à sua rede. Remova dispositivos desconhecidos ou inativos para garantir que apenas dispositivos confiáveis estejam conectados.

c) Fique atento às atividades suspeitas: Esteja atento a toda e qualquer atividade incomum em sua rede, como tráfego excessivo. Isso pode ser um sinal de que sua rede foi comprometida.

Proteger sua rede doméstica é fundamental para manter a segurança de seus dispositivos e informações pessoais. Seguindo as práticas recomendadas neste capítulo, você fortalecerá sua defesa contra ameaças cibernéticas e criando um ambiente digital mais seguro em sua casa.

6.6 Por que a atualização de software é importante

As atualizações de softwares são lançadas regularmente pelos desenvolvedores para corrigir falhas de segurança, melhorar o desempenho e adicionar novos recursos. Aqui estão algumas razões pelas quais a atualização de software é crucial:

a) Para Correção de vulnerabilidades: As atualizações de softwares com freqüência corrigem vulnerabilidades conhecidas, fechando as brechas que os hackers podem explorar para acessar seus dispositivos e dados.

b) Melhoria da segurança: As atualizações asseguram que você instale sempre a versão mais recente do software, fortalecendo sua defesa contra malware, ataques cibernéticos e outras formas de invasões.

c) Estabilidade e desempenho: As atualizações também podem melhorar a estabilidade do sistema, corrige bugs e aprimorar o desempenho geral dos seus dispositivos.

6.7 Como manter seu software atualizado

Para garantir a sua segurança, é importante seguir algumas práticas que são recomendadas neste livro e manter seu software atualizado:

a) Não desative as atualizações automáticas: Verifique se as opções de atualização automática estão ativadas em seu sistema operacional e aplicativos. Isso permite que as atualizações sejam instaladas automaticamente, sem que você precise se lembrar de fazê-las manualmente.

b) Faça atualizações imediatamente: Sempre que receber uma notificação de atualização, instale-a o mais rápido possível. As atualizações de segurança são frequentemente lançadas em resposta a ameaças emergentes, portanto, não adie a instalação.

c) Verifique as configurações de atualização: Certifique-se de que suas configurações de atualização estejam corretas. Alguns aplicativos e sistemas operacionais permitem personalizar as opções de atualização, como o horário em que as atualizações são baixadas e instaladas.

6.8 *Mantenha seus dispositivos atualizados*

Além do seu computador, é importante manter todos os seus dispositivos atualizados, incluindo smartphones, tablets e dispositivos de segurança como câmeras de vigilâncias etc. Cada dispositivo tem seu próprio software e firmware, que também precisam ser atualizados regularmente.

a) Atualize aplicativos móveis: Verifique regularmente as lojas de aplicativos em seus dispositivos móveis e instale as atualizações mais recentes dos aplicativos. Isso inclui aplicativos de redes sociais, bancos, e-mails e qualquer outro que você tenha instalado.

b) Se você possui dispositivos de segurança em sua casa, como câmeras ou termostatos inteligentes, instale as atualizações de firmware fornecidas pelo fabricante

Ao seguir essas práticas de atualização de software, você fortalecerá a segurança dos seus dispositivos e reduzindo as chances de ser vítima de ataques cibernéticos tornando suas informações pessoais, dados e arquivos importantes mais seguros.

No próximo capítulo falaremos um pouco sobre Redes Sociais e algumas dicas de segurança ao acessar a fim de evitar que você seja vítima de criminosos digitais e que seus dados e informações pessoais sejam roubados.

CAPÍTULO 7 SEGURANÇA NAS REDES SOCIAIS

Garantir a segurança nas redes sociais é de suma importância na atualidade, onde pessoas estão cada vez mais conectadas e correndo riscos de serem vítimas de golpes e crimes cibernéticos constantemente.

Com o aumento do uso das redes sociais, é essencial estar ciente dos riscos e adotar práticas de segurança adequadas. Neste capítulo abordaremos medidas importantes para proteger suas informações pessoais nas redes sociais.

7.1 Gerencie suas configurações de privacidade

Uma das primeiras medidas que você deve tomar ao usar redes sociais é revisar e gerenciar suas configurações de privacidade. Isso permite controlar quem pode ver suas postagens, informações de perfil e outros dados pessoais. Aqui estão algumas dicas básicas que irão te auxiliar na segurança.

a) Verifique as configurações de privacidade do seu perfil. Você pode optar por tornar suas postagens visíveis apenas para amigos ou seguidores selecionados, em vez de torná-las públicas.

b) Revise as informações pessoais que você compartilha em seu perfil. Evite fornecer informações sensíveis, como número de telefone, endereço residencial ou detalhes financeiros.

c) Configure seu controle de marcações para que você possa revisar e aprovar qualquer marcação em fotos ou postagens antes que elas sejam exibidas publicamente em seu perfil.

7.2 Cuidado ao aceitar solicitações de amizade

Ao usar redes sociais, é comum receber solicitações de amizade ou conexão de pessoas que você não conhece pessoalmente. É importante ser cauteloso e verificar cuidadosamente essas solicitações antes de aceitá-las. Aqui estão algumas orientações.

a) Antes de aceitar uma solicitação de amizade, procure saber mais sobre o perfil da pessoa. Verifique se há informações suficientes para determinar se a pessoa é genuína e se tem interesses ou conexões em comum.

b) Verifique se você tem amigos em comum com a pessoa que está solicitando a conexão. Isso pode ajudar a validar a autenticidade da solicitação.

c) Desconfie de perfis falsos: esteja sempre atento a perfis suspeitos com poucas informações, fotos genéricas ou histórico de atividades suspeitas. Esses podem ser perfis falsos criados por pessoas com más intenções.

7.3 Evite compartilhar Informações sensíveis

Ao utilizar redes sociais, é importante evitar compartilhar informações sensíveis que possam ser exploradas por pessoas mal-intencionadas. Aqui estão algumas medidas de segurança eficazes serem tomadas.

a) Evite compartilhar informações como CPF, número de identidade, detalhes bancários ou números de cartão de crédito.

b) Evite publicar informações sobre viagens futuras ou divulgar sua localização em tempo real. Isso pode expor sua ausência de casa ou sua localização atual, tornando-o um alvo potencial para criminosos.

c) Nunca compartilhe suas senhas ou informações de login em postagens, ou mensagens privadas. Lembre-se de que as empresas de redes sociais nunca solicitarão essas informações por meio de mensagens diretas.

7.4 Cuidado com qualquer link que você clica

Scams e phishing são práticas comuns de fraudes nas redes sociais. Fique atento a mensagens ou links suspeitos que possam direcioná-lo a sites falsos ou tentar obter suas informações pessoais. Vejamos algumas precauções a serem tomadas:

a) Antes de clicar em um link, verifique o perfil ou a página que o compartilhou. Desconfie de mensagens ou links de fontes desconhecidas, ou não confiáveis.

b) Fique atento a pedidos de informações pessoais: nunca forneça informações pessoais, como senhas, números de cartão de crédito ou dados de identificação, em resposta a mensagens ou solicitações suspeitas.

c) Relate e denuncie: se você suspeitar de um Scams ou phishing, denuncie-o à plataforma de redes sociais e avise seus amigos ou contatos para que eles também possam ficar alerta.

CAPÍTULO 8 BACKUP DE SEGURANÇA

Neste capítulo, abordaremos a importância de fazer backup regularmente de seus dados importantes e as melhores práticas para garantir a segurança dessas informações.

8.1 O que é backup de dados

Backup é uma cópia de segurança de seus arquivos. É o processo de criar uma cópia dos dados de um dispositivo ou sistema de armazenamento de dados, como um computador, celular, servidor, nuvem, entre outros, para proteger as informações importantes contra a perda ou danos causados em equipamentos. Se, houver perda de arquivos, a cópia de segurança você poderá restaurá-la e recuperar suas informações pessoais.

Backup é muito importante para quem já perdeu informações importantes e não teve possibilidade de recuperá-las. Portanto, recomendo ter o hábito de fazer backup para não correr o risco de perder suas informações pessoais, seja por ações despropositadas do usuário ou mau funcionamento dos sistemas.

8.2 A importância do backup de dados

Fazer backup de seus dados é fundamental para garantir a proteção e a disponibilidade de informações importantes, evitando perdas irreparáveis em caso de falhas de hardware, ataques cibernéticos, roubo ou danos físicos aos dispositivos. Existem algumas razões pelas quais o backup de dados é essencial:

a) Recuperação de desastres: em caso de falhas de hardware, como uma falha no disco rígido do seu computador ou um dispositivo móvel perdido ou danificado, o backup de dados permite que você recupere suas informações vitais e continue seu trabalho ou atividades sem interrupção.

b) Proteção contra-ataques cibernéticos: em um cenário em que você é vítima de ransomware ou outros tipos de ataques cibernéticos, ter um backup atualizado de seus dados garante que você possa restaurar seus arquivos sem precisar pagar resgates ou perder informações valiosas.

c) Muitas vezes, nossos dispositivos contêm fotos, vídeos e documentos importantes que precisam ter um cuidado redobrado. Fazer backup desses arquivos garante que suas memórias e informações pessoais estejam protegidas contra perdas acidentais.

8.3 Escolha uma boa solução de backup

Existem várias opções disponíveis para fazer backup de seus dados, cada uma com suas próprias vantagens e desvantagens.

Listo aqui algumas considerações ao escolher uma solução de backup adequada:

a) Backup físico: você pode optar por efetuar backup em dispositivos de armazenamento físicos, como unidades externas ou discos rígidos. Certifique-se de armazenar esses dispositivos em um local seguro, longe de riscos de danos físicos, como incêndios ou inundações.

b) Backup em nuvem: uma opção cada vez mais popular é o backup em nuvem, onde seus dados são armazenados remotamente em servidores seguros. Certifique-se de escolher um provedor confiável e com medidas robustas de segurança para proteger seus dados.

c) Algumas soluções combinam o backup físico e em nuvem, proporcionando redundância e proteção adicional. Essa abordagem garante que você tenha cópias de segurança localmente e em um ambiente externo.

8.4 Faça backup periodicamente

Fazer backup dos dados dos seus dispositivos é essencial para proteger suas informações em caso de perda, roubo ou falha do dispositivo. Aqui estão algumas dicas para realizar backups:

a) Armazenamento em nuvem: utilize serviços de armazenamento em nuvem confiáveis como: Google Drive, iCloud ou One Drive, para realizar backup dos dados importantes em seu dispositivo.

b) Backup local: considere também fazer backups locais, conectando seu dispositivo a um computador e transferindo os dados para uma mídia externa (HD externo, pendrive, cartão de memória etc.).

e) Sempre levar seu equipamento ao conserto, faça backup dos seus arquivos e dados, em nuvem ou em uma mídia externa. Evite levar seu dispositivo para consertar em lojas que não são confiáveis. Nunca deixe arquivos pessoais (como senha, fotos) ao levar para o conserto.

8.5 Frequência do backup

Fazer backup regularmente de seus dados é crucial para manter suas informações protegidas e atualizadas. Determine a frequência adequada de backup com base na importância dos dados e na frequência de alterações. Aqui estão algumas diretrizes gerais:

a) Automatize o backup: utilize ferramentas e softwares de backup que permitam automatizar o processo. Isso garantirá que seus dados sejam salvos regularmente, sem a necessidade de lembrar-se de fazê-lo manualmente.

b) Backup incremental: considere a opção de backup incremental, que salva apenas as alterações feitas nos arquivos desde o último backup. Isso economiza espaço de armazenamento e tempo de backup.

c) Verifique a integridade dos backups: periodicamente, verifique se os backups foram concluídos com sucesso e se os arquivos podem ser restaurados corretamente.

CAPÍTULO 9 LEGISLAÇÃO E REGULAMENTAÇÕES

Neste capítulo, exploraremos a importância das leis e regulamentações de privacidade na era digital. Compreender as bases legais que protegem nossos dados pessoais é fundamental para tomar medidas eficazes na defesa de nossa privacidade. Proponho conhecermos algumas das leis mais relevantes e discutir como elas impactam nossas vidas online.

9.1 Regulamento Geral de Proteção de Dados:

O Regulamento Geral de Proteção de Dados (GDPR) entrou em vigor em maio de 2018, na União Européia, e estabeleceu um marco legal abrangente para a proteção de dados pessoais. Mesmo que você não resida na União Européia, é importante entender o GDPR, pois muitas empresas e alguns tipos de serviços online, o adotaram globalmente para garantir a conformidade.

a) *GDPR Regulamento Geral de Proteção de Dados:* O GDPR oferece as pessoas maior controle sobre seus dados pessoais, exigindo o consentimento explícito para a coleta e processamento de informações e estabelecendo obrigações claras para as empresas em termos de transparência e segurança dos dados.

b) *LGPD (Lei Geral de Proteção de Dados):* No Brasil, temos a Lei Geral de Proteção de Dados (LGPD), que entrou em vigor em setembro de 2020. A LGPD visa proteger os dados pessoais dos cidadãos brasileiros, garantindo sua privacidade e estabelecendo regras claras para o tratamento dessas informações pelas empresas. A lei estabelece que as empresas devem solicitar o consentimento para a coleta de dados, fornecer informações claras sobre o propósito dessa coleta e garantir a segurança dos dados pessoais.

c*) CCPA (Califórnia Consumer Privacy Act):* Nos Estados Unidos, a Califórnia Consumer Privacy Act

(CCPA) é uma legislação estadual importante que entrou em vigor em 2020. Embora se aplique especificamente ao estado da Califórnia, muitas empresas em todo o país, têm seguido suas diretrizes para garantir a conformidade. O CCPA concede aos consumidores californianos o direito de saber quais informações pessoais estão sendo coletadas,e o direito de optar por não compartilhar seus dados com terceiros e o direito de solicitar a exclusão de suas informações pessoais.

9.2 Outras Regulamentações Relevantes:

Além das leis mencionadas acima, existem várias outras regulamentações importantes relacionadas à privacidade na era digital. O EPrivacy Regulation (Regulamento de Privacidade Eletrônica) da União Européia trata de questões específicas relacionadas à privacidade nas comunicações eletrônicas, como e-mails e mensagens de texto.

9.3 O Impacto das Leis de Privacidade em Nossas Vidas:

É fundamental compreender como essas leis e regulamentações impactam nossas vidas diárias. Elas nos concedem direitos e proteções essenciais no mundo digital, permitindo-nos ter mais controle sobre nossos dados pessoais e garantindo que as empresas sejam responsáveis por seu tratamento.

Ao conhecer nossos direitos e obrigações legais, podemos tomar decisões informadas sobre a divulgação de nossas informações pessoais e exigir que as empresas sigam as melhores práticas de proteção de dados.

Ao adotar essas medidas de proteção de identidade online, você estará reduzindo os riscos de roubo de informações pessoais e mantendo-se seguro enquanto navega na internet.

Neste capítulo, exploramos algumas das leis e regulamentações de privacidades mais relevantes na era digital. O GDPR, a LGPD, o CCPA e outras leis estabelecem bases sólidas para proteger nossos dados pessoais e garantir nossa privacidade online.

Ao conhecer e compreender essas leis algumas medidas para proteger nossa privacidade podem ser tomadas, e exigir que as empresas tratem nossos dados com responsabilidade.

CAPÍTULO 10 DESAFIOS FUTUROS

Bem-vindos ao último capítulo deste livro "Segurança na era Digital", aqui proponho explorarmos as tendências e desafios futuros em segurança digital. É importante estarmos cientes das evoluções nesse campo em constante mudança e entender as medidas necessárias para manter-se protegido. Proponho mergulharmos nesse assunto e aprender um pouco mais!

10.1 Aumento de Ameaças Cibernéticas Avançadas

Com o avanço da tecnologia, também surgem ameaças cibernéticas cada vez mais sofisticadas.
No futuro, devemos esperar um aumento de novas ameaças, como: ataques de ransomware, phishing e malwres muito mais bem elaborados e avançados.

Para se proteger contra essas novas ameaças, é essencial ficar atualizado sobre as últimas técnicas de ataque e adotar medidas preventivas de segurança adequadas.

10.2 Privacidade e Proteção de Dados

A privacidade e a proteção de dados continuarão sendo uma preocupação importante no futuro. Com o aumento da coleta de dados pessoais por empresas e governos, é essencial estar ciente de suas informações sendo coletadas e como são usadas. Esteja atento às políticas de privacidade e opte por serviços que respeitem sua privacidade. Além disso, considere o uso de ferramentas de criptografia e soluções de proteção de dados para garantir a segurança de suas informações pessoais.

10.3 Ataques direcionados a Dispositivos Móveis

Com o crescente uso de smartphones e tablets, é provável que os ataques cibernéticos direcionados a dispositivos móveis tornem se cada vez mais comuns. Os hackers estão buscando explorar vulnerabilidades em aplicativos móveis e redes Wi-Fi públicas para acessar informações pessoais.

Para se proteger, mantenha seu dispositivo atualizado com as últimas atualizações de segurança, evite conectar-se a redes Wi-Fi públicas não seguras, tenha cuidado ao baixar aplicativos de fontes desconhecidas e instale um software antivírus pago.

10.4 Redes Sociais e Segurança

Nos dias atuais as redes sociais desempenham um papel fundamental em nossas vidas digitais, mas também podem representar riscos à segurança. No futuro, devemos estar atentos a ameaças, como phishing social e golpes de engenharia social.

Para se proteger, revise suas configurações de privacidade regularmente, limite as informações pessoais compartilhadas publicamente e seja cauteloso ao aceitar solicitações de amizade ou mensagens de desconhecidos.

10.5 Educação em Segurança Digital

À medida que as ameaças cibernéticas evoluem, é crucial manter-se atualizado e educar-se continuamente sobre segurança digital. Participe de cursos online, webinars, leia blogs e artigos confiáveis sobre o assunto. Compreender as últimas tendências e técnicas de ataque ajudará você a tomar medidas proativas para proteger suas informações pessoais e se manter seguro no mundo digital em constante mudança.

Este capítulo final serve como um lembrete de que a segurança digital é um processo contínuo. Fique atento às tendências emergentes, adote as melhores práticas de segurança e esteja preparado para lidar com os desafios futuros. Com conhecimento e ações adequadas, você pode se proteger mantendo suas informações pessoais seguras na era digital.

CONCLUSÃO

Chegamos ao final deste e-book, "Privacidade na Era Digital: Como Proteger suas Informações Pessoais". Ao longo dos capítulos, exploramos diversos aspectos cruciais relacionados à segurança cibernética, fornecendo orientações práticas e valiosas para proteger sua privacidade e garantir a segurança de seus dispositivos e dados pessoais.

Em seguida, abordamos a importância de criar senhas fortes e únicas, bem como a implantação da autenticação de dois fatores como uma camada adicional de proteção.

Discutimos a relevância do backup regular de dados, destacando estratégias adequadas para preservar suas informações valiosas.

Além disso, abordamos a necessidade de gerenciar a privacidade nas redes sociais, evitando o compartilhamento excessivo de informações pessoais.

No contexto da navegação na internet, aprendemos sobre a importância de utilizar conexões seguras e identificar sites confiáveis, além de nos proteger contra golpes e phishing.

Também exploramos a segurança das redes Wi-Fi, enfatizando a importância de senhas fortes e criptografia de rede.

Destaco a relevância da atualização regular de software para corrigir vulnerabilidades e fortalecer a segurança de dispositivos e sistemas. Além disso, discutimos a proteção da identidade online, enfatizando o uso de gerenciadores de senhas.

Ao programar as práticas e medidas abordadas neste livro, você fortalecerá sua postura quanto a segurança cibernética e reduzindo os riscos de ser vítima de ataques e violações de privacidade.

No entanto, é importante ressaltar que a segurança cibernética é um processo contínuo. As ameaças estão sempre evoluindo, e é essencial manter-se atualizado sobre as melhores práticas e tendências de segurança digital. Esteja vigilante e reporte qualquer atividade suspeita imediatamente.

Obrigado por dedicar seu tempo a ler este e-book. Espero que as informações e orientações fornecidas tenham sido úteis para você proteger sua privacidade e garantir a segurança de seus dispositivos e dados pessoais na era digital.

Lembre-se de que a segurança cibernética é uma responsabilidade compartilhada de estrema necessidade atualmente. Ao adotar uma postura de segurança consciente, você contribui para um ambiente digital mais seguro para todos. Evitando assim muitos transtornos causados por criminosos digitais.

FONTES DE PESQUISAS

PINHEIRO, Patrícia Peck. **Direito digital**. 2. ed. São Paulo: Saraiva, 2007

WENDT, Emerson, JORGE, Vinicius Nogueira. Crimes Cibernéticos 3ª Ed. Ameaça e procedimentos de investigação.

As sete principais ameaças virtuais que merecem atenção:
https://www.kaspersky.com.br/resourcecenter/threats/top-7-cyberthreats
Acesso: 22/05/2023

O que é um vírus de computador?
Publicado em 08 de agosto 2018
https://br.norton.com/blog/malware/what-is-a-computer-virus
Acesso: 23/05/2023

Privacidade digital: quais dados podem nos comprometer e como nos proteger? *Coluna 04/08/22 — 16:47min*

https://www.istoedinheiro.com.br/privacidade-digital-quais-dados-podem-nos-comprometer-e-como-nos-proteger/
Acesso: 25/05/2023

Os pilares da Segurança da Informação:
https://senhasegura.com/pt-br/os-pilares-da-seguranca-da informacao/?utm_source=search&utm_medium=cpc&utm_campaign=20220301-gerar_trafego-institucional_br-pt&gclid=CjwKCAjwpuajBhBpEiwA_ZtfhaJvH9K2_fVqwgLGlP_ClOkgCotbAamKr3gVQEE_FZG4Fg5-TLg7ORoCJeMQAvD_BwE
Acesso em: 30/05/2023

As redes Wi-Fi públicas são seguras? O que você precisa saber:https://consumer.ftc.gov/articles/are-public-wi-fi-networks-safe-what-you-need-know
Acesso em 01/06/2023

SOBRE O AUTOR

FABRICIO DE ABREU TEIXEIRA, NATURAL DA CIDADE DE DIANÓPOLIS, TOCANTINS, CASADO BACHAREL EM ADMINISTRAÇÃO DE EMPRESAS, GRADUADO EM TECNÓLOGO SUPERIOR EM MANUTENÇÃO DE COMPUTADORES COM SUPORTE EM REDES, CURSANDO PÓS-GRADUAÇÃO EM SEGURANÇA DA INFORMAÇÃO.

ATUA HÁ MAIS DE 12 ANOS NA ÁREA DE TECNOLOGIA DA INFORMAÇÃO, TEM VASTA EXPERIÊNCIA EM SEGURANÇA DIGITAL.

JÁ AJUDOU DEZENAS DE PESSOAS, ATRAVÉS DOS SEUS CONHECIMENTOS PRÁTICOS E TEÓRICOS, SANAREM PROBLEMAS RELACIONADOS COM SEGURANÇA DIGITAL E A SE PROTEGEREM CONTRA INVASORES E VIRUS QUE ROUBAM DADOS EM COMPUTADORES E DISPOSITIVOS MÓVEIS, PARA COMETEREM CRIMES.

www.ingramcontent.com/pod-product-compliance
Ingram Content Group UK Ltd.
Pitfield, Milton Keynes, MK11 3LW, UK
UKHW042006190726
13854UKWH00005B/2189

9 786500 719604